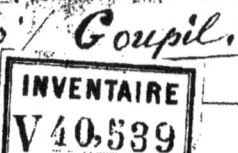

LE DESSIN

EXPLIQUÉ

MIS A LA PORTÉE

DE TOUTES LES INTELLIGENCES

ORNÉ

DE 30 SUJETS D'ÉTUDE GRADUÉS

PRIX : 1 FRANC.

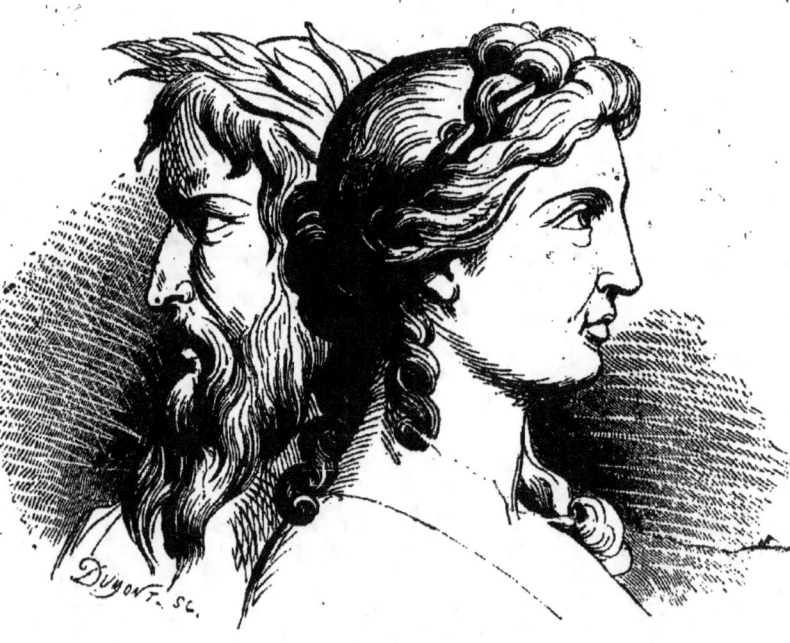

Dumont. sc.

PARIS

DESLOGES, LIBRAIRE, 4, RUE CROIX-DES-PETITS-CHAMPS.

V

LE DESSIN

MIS A LA PORTÉE

DE TOUTES LES INTELLIGENCES

ORNÉ

DE 44 SUJETS D'ÉTUDE GRADUÉS

PAR

GOUPIL

Élève d'Horace Vernet.

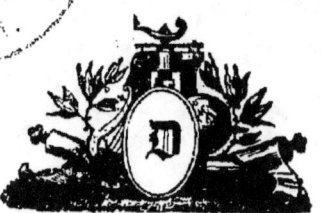

Le dessin est un des plus excellents ouvrages
de l'esprit.... Il n'y a donc rien que l'homme
doive plus cultiver.

BOSSUET.

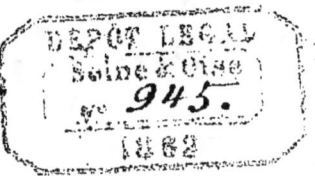

PARIS

DESLOGES, LIBRAIRE-ÉDITEUR
4, RUE CROIX-DES-PETITS-CHAMPS, 4.

—

1862

TABLE DES MATIÈRES.

—

FIN DE LA TABLE.

MEULAN. — IMPRIMERIE DE A. MASSON.

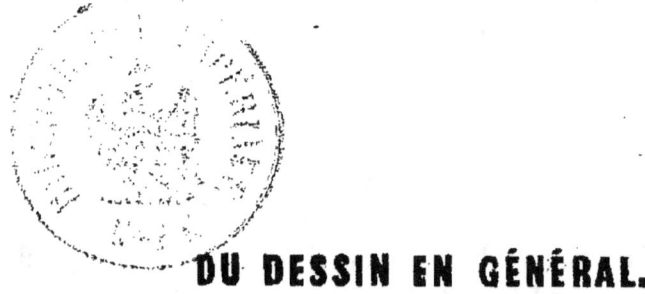

DU DESSIN EN GÉNÉRAL.

Le dessin est l'art d'imiter par le trait et l'ombre les formes que tous les objets présentent à nos yeux. L'architecture, la sculpture et la peinture s'appellent les arts du dessin, c'est-à-dire que la connaissance du dessin en est la base.

Il y a plusieurs sortes de dessins, qu'on désigne par les noms de dessin de paysage, de la figure, des fleurs, d'ornements, etc. Cependant toutes ces diverses manières de dessiner se résument en deux divisions qui sont : le dessin linéaire et le dessin de genre.

Le dessin linéaire, ainsi nommé parce qu'il est formé par des lignes tracées au moyen d'une règle et d'un compas, a trait plus particulièrement à la représentation géométrale qu'au dessin des formes apparentes. Il est employé par les architectes, les ingénieurs, etc., etc., et sert à dresser des plans de constructions de monuments, de machines, et d'instruments utiles à l'industrie.

Ce genre de dessin ne rentrant pas dans le cadre de l'ouvrage que nous écrivons, nous n'en parlons que pour mémoire, et nous nous contentons de renvoyer les personnes qui voudraient étudier ce dessin à l'ouvrage spécial qui traite particulièrement du dessin linéaire, et qui fait partie de la *Bibliothèque artistique* (1).

Le dessin de genre est celui qui comprend toutes les variétés de dessins que nous avons énoncées plus haut. Il consiste à saisir à la vue la forme et l'étendue de tous les objets qui s'offrent à nos yeux, et à en reproduire une image fidèle.

Pour parvenir à bien dessiner, il faut apprendre d'abord à bien voir, puis à raisonner sur ce que l'on voit, et exercer la main par l'habitude en dessinant très-fréquemment.

Pour bien voir, il est indispensable de se bien placer devant son modèle, c'est-à-dire ni trop loin ni trop près, et bien en face de l'objet. L'étude de la perspective est de la plus haute importance ; c'est pourquoi on fera bien de lire le petit *Traité*

(1) *Géométrie populaire et Dessin linéaire familier, suivi du Dessin d'après nature sans maître.* 1 vol. in-8°, orné de 250 figures. Prix : 2 fr.

de notre Bibliothèque, surtout si l'on veut dessiner promptement d'après nature.

Les premiers essais de dessin auront spéciale-
ment pour objet d'exercer l'œil et la main à la
rectitude et à la précision ; ils se borneront à poser
des points sur le papier, à différentes distances,
et à les joindre par des lignes droites, en les éloi-
gnant de plus en plus. On s'accoutumera ensuite
à diviser, à vue d'œil, une ligne droite en parties
égales, qu'on vérifiera ensuite avec un compas.
On tracera un cercle au compas et partant d'un
point tracé en dedans ou en dehors de ce cercle,
on décrira un autre cercle intérieur ou extérieur,
ce qui forcera l'œil à maintenir le crayon toujours
à égale distance de la courbe, ou parallèlement à
celle-ci. Tirer des lignes droites parallèles entre
elles, à égales distances, horizontalement et verticalement, ou obliquement de droite à gauche et
de gauche à droite, et en vérifier l'exactitude au
moyen de la règle, sont une infaillible méthode.
De plus, comme les traits qu'on doit former ont
souvent des dimensions plus grandes que celles
qui constituent les lettres de l'écriture, on doit
s'attacher à donner au poignet et aux doigts toute
la flexibilité possible ; c'est précisément à cause
de cela qu'il est bon de commencer par copier des

dessins dont la grandeur des parties développe la main.

On s'attachera également à acquérir de la légèreté de main en évitant de passer et repasser dix fois sur le même trait, habitude trop fréquente qu'on peut appeler le bégaiement linéaire des écoliers.

Passer au trait et à la plume, aussi finement et franchement que possible, sur papier végétal, une bonne gravure au trait, est le remède à employer pour surmonter ce défaut.

OBSERVATIONS UTILES.

La pose du corps, la manière de s'asseoir, l'attitude des bras et de la tête méritent une attention particulière et de tous les instants de la part d'un dessinateur.

Ne vous installez jamais sur une table trop basse, qui force la personne à ployer la poitrine d'une façon gênante. Le torse doit être presque d'aplomb sur le siége, de façon à ce que les poignets ne se ressentent pas de la pesanteur de la partie supérieure du corps. Je conseillerai aux personnes myopes ou à vue courte de se placer

sur une table haute à pupitre incliné, et sur un
siège plutôt bas, par rapport à la table. On aura
soin aussi de poser devant soi, bien verticalement,
dans un passe-partout ou attaché sur un carton verti-
cal, le modèle à copier. On comprend, en effet, que
si ce modèle est incliné ou en biais, la forme en
est altérée par l'effet du fuyant de la perspective ;
un modèle qui aurait été roulé et qui ne serait pas
fixé sur un carton bien plat, se déformerait aussi
aux yeux du spectateur. Évitez également de vous
mettre au travail immédiatement après un exercice violent : la main, l'esprit et l'œil ont besoin,
pour bien dessiner, de tout le calme possible.

DESSIN A MAIN LEVÉE.

Le tableau noir employé dans toutes les écoles
pour les démonstrations de mathématiques, ou,
au besoin, une grande feuille de papier-goudron
collée ou tendue sur une porte, servira pour cette
étude, très-nécessaire pour familiariser avec le
tracé des grandes formes ; joignez-y quelques
morceaux de craie, une éponge ou un chiffon
mouillé. On fera bien d'y pratiquer, chaque jour,

des exercices de dessin linéaire ; on tracera des lignes droites plus ou moins longues, des parallèles horizontales et verticales, des lignes obliques, des angles droits, aigus et obtus, des cercles de diverses grandeurs, concentriques, se croisant, etc.

Puis le triangle équilatéral ;

le triangle rectangle ;

le triangle isocèle ;

le triangle scalène ;

le triangle curviligne équilatéral ;

les polygones depuis le carré ;

le pentagone ;

l'hexagone, etc.

On étudiera simultanément le tracé graphique de ces figures dans la *Géométrie artistique populaire*.

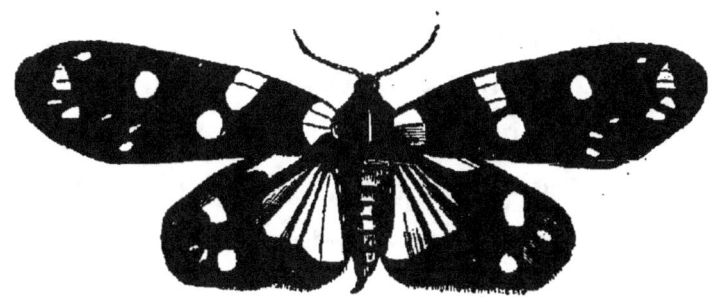

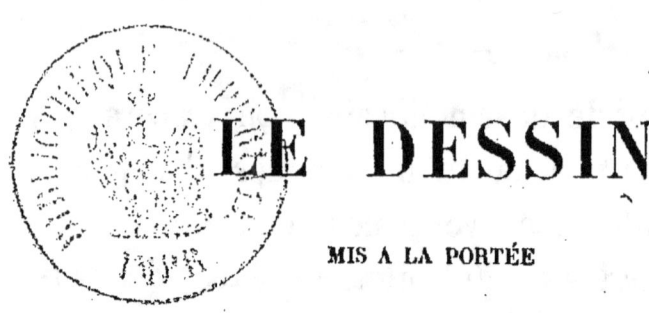

LE DESSIN

MIS A LA PORTÉE

DE TOUTES LES INTELLIGENCES

CHAPITRE Iᵉʳ.

DE LA LIGNE VERTICALE.

On donne le nom de ligne verticale à celle qui fait aplomb. Ainsi, si l'on suspend un plomb ou tout autre corps pesant à l'extrémité d'un fil, que l'on tiendra par son autre extrémité, et qu'on l'élève de manière que le plomb se trouve isolé dans l'espace, il en résultera que le fil sera tendu et formera une ligne verticale.

Pour tracer une ligne verticale sur le papier, ce qu'on doit toujours faire avant de commencer un dessin linéaire, on se sert d'un compas garni d'un crayon ou d'un tire-ligne.

Après avoir divisé en deux la feuille de papier,

dans le sens de sa largeur, et approximativement en traçant avec l'ongle un trait léger sur la marge, à droite et à gauche de la feuille, on prend le compas, et d'une seule ouverture, prenant pour point de départ un des traits marqués à l'ongle, on trace une petite ligne courbe en tête de la feuille de papier, et une autre petite ligne au bas de cette même feuille ; ensuite, de la même ouverture du compas, prenant pour point de départ le trait tracé du côté opposé de la feuille, soit à gauche, si on a commencé l'opération par la droite, on trace deux nouvelles petites lignes sur les deux premières, de manière à former deux petites croix.

Si donc, au moyen d'une règle, on trace une ligne passant par le point d'intersection des quatre petites lignes courbes, on obtiendra une ligne verticale, coupant en deux, et d'une manière exacte, la feuille de papier à dessin.

DE LA LIGNE HORIZONTALE.

Toute ligne qui est perpendiculaire à une ligne verticale est une ligne horizontale. Ces lignes peuvent avoir une infinité de directions, puisqu'elles ne sont assujetties qu'à une seule règle, celle de faire angle droit avec une verticale.

Lorsqu'on commence un dessin linéaire, on trace d'abord ce qu'on appelle la perpendiculaire du dessin.

On trace en premier une ligne verticale, de la manière que nous l'avons indiquée à l'article : *Ligne verticale.*

Lorsque cette première opération est terminée, on prend de nouveau le compas, et d'une seule ouverture, prenant pour point de départ le point d'intersection des deux petites croix qui ont servi à tirer la ligne verticale, on trace sur la marge, à droite et à gauche de la feuille, deux petites courbes qui se couperont et formeront deux nouvelles croix, avec les deux autres petites courbes qu'on tracera, en prenant pour second point de départ l'autre extrémité de la verticale.

Ensuite, au moyen d'une règle, on mènera, d'une marge à l'autre de la feuille, une ligne horizontale passant par les points d'intersection des deux petites croix qu'on vient de tracer et coupant, à angle droit, la ligne verticale.

C'est sur cet assemblage de lignes que se dessine le plan du monument ou de la machine qu'on veut représenter ; il en est, en quelque sorte, l'échafaudage.

La ligne horizontale a emprunté son nom au mot grec *orizo* (ορίζω, *je vois*), parce qu'elle est placée dans le même sens que nos yeux, quand nous sommes debouts.

La ligne verticale tire le sien du mot latin *vertex* (sommet de la tête), d'où elle descend sur le terrain qui est toujours parallèle à l'horizon.

Sur le papier, une ligne horizontale est toujours dans le sens où nous pouvons lire l'écriture, et la verticale lui est toujours perpendiculaire. En pliant une feuille de papier de façon que le bord de droite vienne s'appliquer exactement sur celui de gauche, on obtient toujours un angle droit, ou une sorte d'équerre parfaitement exacte qui peut suppléer, au besoin, à cet instrument.

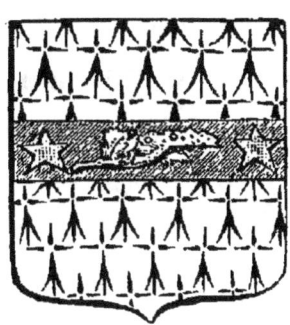

CHAPITRE II.

POUR PRENDRE UN APLOMB AVEC SON PORTE-CRAYON.

On suspend son porte-crayon, tenant son crayon par la fine pointe, sans qu'il éprouve la moindre gêne; son poids, livré à lui-même, lui fait former la ligne d'aplomb.

POUR MESURER AVEC SON CRAYON ET SON PORTE-CRAYON RÉUNIS.

Pour cela, il faut tenir son porte-crayon avec les quatre doigts; l'extrémité de l'ongle du pouce sert à marquer et tenir la dimension de l'une des divisions qui doit servir de mesure pour vérifier si toutes les autres lui sont égales.

Lorsque l'exercice a conduit à diviser à vue une verticale en deux parties égales, on la divise en quatre, puis en huit, en seize, etc., etc., ce qui s'effectue en subdivisant chaque division en deux.

Des divisions paires on passe aux impaires : on divise une ligne en trois parties égales, puis en six, en douze, etc., etc., c'est-à-dire que l'on subdivise chacune des divisions en deux. La division de trois doit aussi se faire par trois, neuf, dix-huit, etc. Cette étude se fait en partageant chacune des divisions en trois ; de la division de trois, on passe à celle de cinq : on l'étudie d'abord par cinq, dix, vingt, etc., en subdivisant chacune des divisions en deux ; puis on la fait ensuite par cinq, vingt-cinq, etc., etc., subdivisant chacune des divisions en cinq.

Le modèle étant posé devant soi, la personne qui n'a jamais dessiné prendra une feuille de papier végétal ou à décalquer sur lequel elle tracera, avec la règle et le compas ou avec la règle et l'équerre, une série indéterminée de carrés égaux, et ce réseau une fois fait, on le fixera, au moyen d'un peu de cire à modeler ou de pains à cacheter, sur le sujet à copier ; on en tracera la même quantité sur son papier, légèrement, et on commencera à y placer les lignes exactement dans les mêmes carrés correspondants de l'original, ce qui fera comprendre l'utilité et la nécessité de tirer des aplombs et de mesurer des verticales dont nous venons de parler.

Un carré contient, en effet, deux lignes verticales et deux horizontales, et on y remarque quatre angles droits; le réseau de papier végétal superposé au modèle, sans le gâter, vient donc à être coupé, par les traits du dessin, d'une façon ' qu'il est alors très-facile d'imiter dans les carrés qu'on a préparés pour son travail. La situation des lignes droites ou courbes devient encore plus aisée à déterminer, si, dans chaque carré, on trace les deux diagonales ou simplement leur intersection, qui est précisément le milieu du carré. Ce point milieu existant, et plus les carrés seront multipliés, moins on aura de peine à être exact. Ce procédé est employé avantageusement pour les commençants; on diminue peu à peu le nombre des carrés posés sur la copie, observant seulement de les faire plus grands.

L'œil s'accoutume ainsi à se passer de carrés pour copier, et à tirer des lignes à plomb et des horizontales qui aideront à trouver les longueurs, les formes et les inclinaisons des lignes, et à fixer les parties du trait qui tombent les unes au-dessous des autres, les unes à côté des autres, à droite ou à gauche, au-dessus ou au-dessous des horizontales et des verticales, qu'il faut apprendre à établir sur le modèle dessiné ou vivant qu'on se propose d'imiter. On peut copier en plus grand ou en plus petit au moyen des carreaux, pourvu qu'ils soient en nombre égal à ceux du modèle, et disposés de la même manière. On les numérotera pour plus de facilité.

OBJETS NÉCESSAIRES AU DESSINATEUR.

Un carton à dessin;

Une règle plate (à divisions métriques, si l'on veut);

Une équerre;

Un compas à pointe sèche et à balustre-porte-crayon;

Un ou deux porte-crayon;

Un canif;

Une gomme élastique, pour effacer la mine de plomb seulement;

Douze fusains;

Six crayons Conté n° 1;

Six crayons Conté n° 2;

Six crayons Conté n° 3;

Crayons n° 1 et n° 2 Gilbert ou autres;

Mine de plomb;

Douze clous de cuivre, dits punaises ;

Quelques estompes en papier et en peau ;

Un blaireau pour le dessin au fusain ;

De vieux gants de peau pour effacer les traits de fusain ;

Un chevalet ou une table avec porte-original ;

Un matelas de papier ou assemblage de feuilles formant une certaine épaisseur, moins dur sous le papier où l'on dessine que le carton, qui émousserait ou ferait casser les crayons ;

Deux feuilles de papier de verre moyen et plus fin pour perfectionner la pointe des crayons ;

De la mie de pain rassis et du dolage pour effacer et nettoyer les crayonnages au Conté noir ou à la mine de plomb ;

Quelques feuilles de papier à dessin blanc ou teinté pour les dessins rehaussés de craie blanche ;

Du papier végétal ou dioptique ;

Du papier frotté de mine de plomb pour placer sous le papier végétal quand on veut transporter un dessin sur papier blanc, au moyen d'un crayon dur ou d'une pointe à décalquer.

CHAPITRE III.

DE L'UTILITÉ DU DESSIN ET DES PREMIERS PRINCIPES A SUIVRE.

Le dessin de la figure étant celui qui exige le plus d'application, à cause des difficultés qu'il présente, mais d'un autre côté, offrant de grands avantages, en ce qu'il conduit plus facilement aux autres genres de dessins, doit être, de préférence, l'objet des études du commençant.

Les progrès de l'élève résultent toujours de l'application qu'il a apportée à l'étude des premiers principes; en effet, si cet élève a bien étudié les diverses parties qui composent une figure, il lui sera facile à un moment donné, de rassembler toutes ces parties pour en faire un tout.

Ainsi l'élève devra, pour acquérir de l'assurance dans le coup de crayon, suivre les indications que voici :

Sur une feuille de papier verger, l'élève tracera des lignes horizontales et verticales formant entre elles des petits carreaux qui couvriront la feuille entière; ensuite, dans chacun de ces carreaux, l'élève tracera un cercle renfermé exactement dans les quatre côtés du carré.

Cet exercice, si simple en apparence, est assez difficile à bien exécuter, et l'élève n'y réussira pas du premier coup; mais avec de l'application, il y parviendra.

Lorsque la page sera remplie, l'élève tracera, dans les premiers cercles, d'autres cercles plus petits, en ayant soin que les nouveaux traits soient bien à égale distance des premiers. Ces principes serviront plus tard à dessiner la prunelle de l'œil, vue de face.

On opèrera de même, au moyen de carreaux, pour dessiner les nez, les bouches, les mentons, et même une tête entière, ce qui habituera l'élève à bien proportionner les détails de la figure qu'il voudra exécuter.

De même, lorsque l'élève voudra copier un modèle, il devra, au préalable, diviser ce modèle par autant de lignes horizontales et verticales que cela sera nécessaire; et, après avoir reproduit sur le papier à dessin les mêmes lignes que sur le modèle, il lui sera facile d'en copier tous les détails avec exactitude.

CHAPITRE IV.

Il serait utile, pour commencer, que vous pussiez vous procurer quelques fragments de figures, semblables à ceux que renferme ce manuel, et tels que : nez, yeux, oreilles, bouches, mains, sur lesquels devront être indiquées différentes lignes qui en marquent les diverses inclinaisons et les mesures proportionnelles.

Ces lignes sont comme la charpente qui doit soutenir les principales parties de l'édifice que vous avez à construire.

Ainsi, par exemple, supposons qu'un modèle d'*œil* étant attaché à votre chevalet, vous vouliez vous mettre en devoir de le copier, il faudra d'abord vous asseoir devant, ayant la partie inférieure du carton sur lequel vous dessinez appuyée sur vos genoux, tandis que sa partie supérieure se trouve appuyée contre la planchette du chevalet.

Une fois posé convenablement, vous dessinez une ligne horizontale qui marque la longueur de l'œil à reproduire; puis, si cet œil est de face, quatre lignes verticales, traversant la ligne horizontale, pour en établir les divisions.

La même charpente doit s'établir pour dessiner n'importe quel fragment du visage ou du corps.

Ainsi, pour une bouche, votre ligne horizontale part de l'un des coins des lèvres pour aller à l'autre, et elle doit être divisée par quatre lignes verticales. Il faut procéder de même pour le nez, les oreilles, etc.

Vos lignes, une fois indiquées, il faut procéder à l'esquisse, et le faire avec légèreté, ainsi que nous l'indiquerons plus loin, quand nous nous occuperons du dessin d'une tête entière.

Il est bon de copier d'abord des principes de grandeur naturelle, afin de vous garantir d'un défaut trop ordinaire aux commençants, lequel consiste à tomber dans le petit et dans le mesquin; pourtant, lorsque vous serez familiarisé avec ces grandes proportions, vous devrez revenir aux modèles de proportions plus petites et telles que vous les montrent nos planches numérotées 1 et 2; car les natures réduites ont cela de bon, que les inexactitudes s'y voient beaucoup mieux.

Pour les études de grandeur naturelle, on doit se servir de crayon noir (pierre) n° 2 ; pour les plus petites, il faut employer le crayon mine de plomb même numéro.

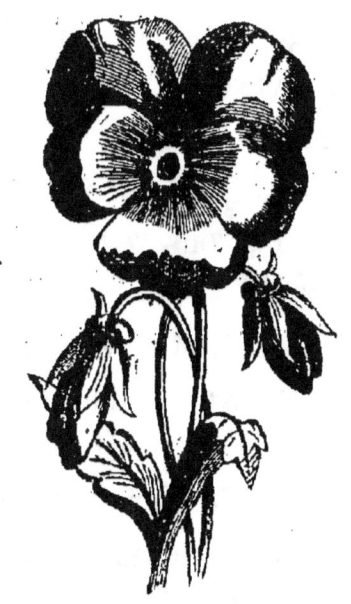

CHAPITRE V.

CONSEILS.

Lorsque vous aurez à copier un dessin sur lequel aucuns signes ne sont tracés pour vous guider dans les proportions à établir entre les différents traits du visage, vous les remplacerez en usant du moyen que voici :

Prenez votre crayon, en le tenant perpendiculairement et d'aplomb ; vous verrez alors sur quels points de votre modèle se pose cette ligne fictive : ensuite vous en ferez autant en sens inverse, c'est-à-dire en tenant votre crayon horizontalement. En comparant après cela votre dessin à celui que vous copiez, il vous sera facile d'en voir les différences et vous serez dès-lors à même de corriger ce qui aura été placé soit trop bas, soit trop haut, soit trop à gauche, soit trop à droite.

Surtout ne donnez jamais de coups de crayon au hasard, raisonnez tout ce que vous faites et ne manquez pas d'observer que le trait, qui dans la lumière est léger, se trouve toujours vigoureux dans l'ombre.

Après vous être exercé le temps nécessaire sur les principes dessinés dans les planches numérotées 1, 2 et 3, vous aurez à vous occuper d'indiquer purement et correctement le trait des pieds et des mains que représente la planche n° 2, et vous vous procurerez aussi quelques études du même genre, mais de grandeur naturelle, que vous trouverez parmi les études de Julien.

Tous ces fragments vous étant devenus familiers, il s'agira pour vous de vous livrer à l'étude de *l'ensemble*, et pour cela vous ne pourrez mieux faire que de reproduire les petites têtes que nous vous offrons dans nos planches 5, 7 et 8, en y ajoutant quelques têtes grandes comme nature, venant de la même source que celle indiquée plus haut.

Arrivés au point où nous sommes, il nous reste à récapituler les différentes phases par lesquelles passe un dessin avant d'en arriver au point où il ne reste plus qu'à le mettre à l'effet, c'est-à-dire à en indiquer les ombres.

DE L'ENSEMBLE.

C'est la première disposition à suivre lorsque l'on

veut dessiner une figure quelconque. Pour faire l'ensemble d'une figure-modèle tracée sur du papier, il faut la placer devant soi dans une position verticale. Cette position est de rigueur pour voir cette figure de sa grandeur réelle. Il ne faut pas en être très-près afin de l'apercevoir entièrement sans déranger la tête et d'une seule œillade, le papier ou tableau devant être dans la même position verticale, et placé droit et juste en face du modèle, de manière à permettre de pouvoir comparer continuellement la copie avec l'original. Il en sera de même pour l'ensemble d'après les corps solides.

Ainsi, par exemple, si votre modèle offre plutôt l'aspect d'une tête ovale que ronde, vous tracez d'abord cet ovale, en ayant soin de l'incliner du côté où le modèle vous indique de le faire. Maintenant, supposons que ce modèle soit penché vers la droite, indiquez vos lignes dans cette inclinaison, en ayant soin d'observer les distances qui existent entre la ligne des yeux et le haut de la tête, entre la ligne du nez et celle des yeux, entre celle de la bouche et celle du nez.

Notre tête ainsi charpentée, observez bien que vos yeux ne dévient pas de la ligne tracée pour les recevoir, car si l'un de vos yeux se trouvait, soit plus haut, soit plus bas, ou l'un des deux inclinant si légèrement que ce soit en sens inverse de l'autre, ou bien si les yeux, le nez et la bouche ne s'accordaient pas dans leur inclinaison, votre tête ne saurait être d'*ensemble*.

Si la tête que vous copiez est de trois quarts, remarquez bien que l'œil du petit côté semble fuir, va en perspective perdre de sa longueur, et que la pupille, au lieu d'être ronde, devient elliptique. Il en sera de même de la bouche, dont la plus petite portion, vue de trois quarts, semble en raccourci.

DE L'ESQUISSE ET DU TRAIT.

L'ensemble terminé doit être l'exacte proportion de toutes les parties de la figure représentée, ainsi que l'aspect de la forme extérieure, sans cependant en avoir ni les détails ni la pureté de contours. Le premier tracé se fait avec le fusain et le plus vaporeusement possible, ensuite on se sert du crayon n° 2 pour déterminer l'apparence du contour ou silhouette, et la juste limite des masses et des détails, les représentant comme formes aussi fidèlement que possible ; c'est cette seconde préparation que l'on nomme esquisser.

L'esquisse, quoique tout à fait semblable au modèle, doit être légèrement tracée.

L'esquisse terminée, on pose dessus de la mie de pain émiettée que l'on dirige dans toutes les directions avec l'extrémité des doigts et en tournant, jusqu'au moment où l'esquisse ne fait plus qu'apparaître.

Passer au trait, c'est épurer l'esquisse en repassant franchement le crayon n° 2 dessus.

Il faut observer que le trait doit être plus fin et plus léger dans les endroits clairs que dans ceux qui sont dans l'ombre.

Après avoir fait l'ensemble, puis l'esquisse, et enfin après avoir épuré le trait, il ne s'agit plus que d'ombrer afin de donner au dessin l'effet qu'il doit avoir.

DE L'UTILITÉ DE S'EXERCER A FAIRE DES HACHURES.

Tout en étudiant vos principes et avant d'en arriver à ombrer vos dessins, il sera bon pour vous de couvrir de hachures inclinées tantôt à droite, tantôt à gauche, tantôt horizontales et tantôt perpendiculaires, une certaine quantité de feuilles de papier.

Il est bien entendu que pour faire ces hachures, il faut tenir le crayon de côté et non pas comme on tient une plume. Cet exercice, non seulement délie les doigts et donne du coup d'œil, mais il a encore pour résultat d'habituer l'élève à manier son crayon légèrement et à le tenir sans trop le serrer.

INFLUENCE DU GRAIN DU PAPIER.

Les papiers à surface lisse sont plus favorables au crayon de mine de plomb et au dessin très-fini. Il faut un grain moyen pour le crayon de Conté, qui produirait un travail maigre et égratigné sur un papier uni. La manière dont on incline le crayon pour lui faire produire tels ou tels effets, demande une attention toute particulière; il est bon de s'exercer, sur un garde-main, à faire du grené, du haché, du fondu, et, dans le haché, d'apprendre à croiser agréablement les losanges qui en forment les intervalles.

CHAPITRE VI.

COMMENT ON DOIT PROCÉDER POUR OMBRER UNE TÊTE.

Pour ombrer, on doit commencer par étendre une couche de hachures bien unies et parfaitement rentrées les unes dans les autres, sur toute la partie que doit occuper l'ombre.

Cette teinte est la plus légère de toutes celles que vous crayonnerez. Après l'avoir étendue, vous passerez à une autre plus forte jusqu'à ce qu'enfin vous ayez atteint, en allant toujours progressivement, les tons les plus vigoureux de votre modèle.

Observez bien surtout que les hachures qui forment vos ombres doivent toujours être faites dans le sens du muscle indiquant le modelé, autrement il serait dénaturé si, contrairement à ce qui doit être sur une partie ronde, par exemple, on ombrait avec des hachures droites au lieu de leur faire suivre le mouvement voulu.

Maintenant que nous vous avons indiqué de

quelle façon vous devez vous y prendre pour ombrer et que nous en avons expliqué autant que possible le côté mécanique, occupons-nous un peu de l'effet général produit par la réunion et par l'opposition des lumières, des demi-teintes, des ombres, des reflets et des ombres portées, car il faut se rendre un compte exact de toutes ces choses, dont chacune, en particulier, contribue à établir l'effet général.

DE L'EFFET.

Vous avez pu voir que dans un dessin on appelle lumière tout ce qui se trouve frappé du jour; la demi-teinte se dit du point où les ombres sont liées aux lumières ; l'ombre est la partie la plus obscure, c'est-à-dire celle totalement privée de lumière.

Les ombres portées se disent de toutes celles projetées par un corps quelconque qui vient s'interposer entre ce corps et la lumière.

Ainsi, l'ombre que nous voyons à nos pieds est produite par notre corps, d'autres sont dessinées sur notre visage, par le chapeau que nous portons; l'arbre porte son ombre sur le grand chemin ou sur la plaine qu'il domine; la main qui tient votre crayon porte son ombre sur le papier qui vous sert à dessiner. L'ombre portée est ce qui donne la solidité aux objets que l'on représente; elle donne en même temps la vie et l'effet, c'est elle qui, dans un tableau, fait circuler l'air autour des choses ou des personnages.

C'est pour obtenir, avec l'aide des ombres portées, un effet plus piquant et mieux écrit que les dessins d'après la bosse se font de préférence le soir, car la lampe les fait beaucoup plus vigoureusement sentir que ne le ferait le jour.

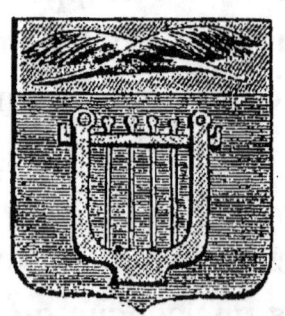

CHAPITRE VII.

DU DESSIN D'APRÈS LA BOSSE.

Dessiner d'après la bosse, c'est se préparer à dessiner d'après nature, car la transition serait trop brusque si l'élève, en sortant de reproduire une étude lithographiée ou dessinée sur papier, se trouvait face à face avec les difficultés de toute sorte qui l'attendent devant le modèle vivant. Contrairement, la plupart de ces difficultés se trouveront aplanies pour lui par suite de l'habitude qu'il aura prise de dessiner d'après la bosse.

Pour dessiner une tête en relief, il faut se placer à la distance qui comprendrait trois fois la plus grande dimension de cette tête.

Nous avons indiqué précédemment comment on doit opérer pour faire l'ensemble d'une tête, c'est donc là pour vous une connaissance acquise; nous avons dit aussi comment le porte-crayon, tenu tantôt verticalement et tantôt horizontalement, doit vous servir de régulateur pour subdiviser dans votre pensée les différentes parties du modèle et les comparer à votre copie : il en sera de même ici.

Vos deux premières divisions se composeront d'une verticale et d'une horizontale, et le point de jonction de ces deux lignes fictives et prises à l'aide du porte-crayon seulement, se nommera pour vous le point milieu ; les autres lignes que vous tirerez dans votre imagination ne seront que les annexes des deux premières et serviront à vous assurer que votre ensemble est identiquement pareil au modèle. Une fois votre ensemble bien établi, et après que vous avez épuré, affermi votre trait en déterminant légèrement les masses ombrées, le travail de l'estompe doit commencer.

Ces masses doivent être indiquées au moyen d'un crayon Conté noir (pierre) n° 2, que vous aurez mis dans votre porte-crayon et dont vous aurez cassé la pointe et usé sur votre garde-main l'un des côtés jusqu'à ce qu'il soit devenu plat, c'est de ce côté plat que vous vous servez pour vos indications qui doivent être aussi légères que possible.

Surtout ne vous laissez pas décourager par la difficulté d'avoir à travailler d'après une chose sur laquelle nul travail n'est indiqué, et faites appel pour arriver au résultat que vous voulez atteindre à l'intelligence, au raisonnement, au coup d'œil dont le ciel vous a doué.

Observez d'abord quelle est la partie de la tête de votre modèle sur laquelle brille la plus vive lumière ; du second coup d'œil assurez-vous du point le plus obscur de la partie où se trouvent placées les ombres les plus vigoureuses. Ces deux points reconnus par vous, resteront les points intermédiaires qui arriveront en second lieu dans votre travail.

C'est avec une estompe de papier gris que vous frottez dans du crayon *sauce* (ou crayon noir réduit en poussière), c'est avec cette estompe, disons-nous, que vous étendrez une ombre plate et unie sur toute la partie d'ombre, après quoi vous passerez aux demi-teintes les plus accen-tuées, puis aux plus claires, jusqu'à ce que vous ayez rejoint la lumière ; surtout ayez soin de chan-ger d'estompe en passant du travail de l'ombre à celui des demi-teintes, et, pour attaquer celles-ci, servez-vous d'estompes en peau blanche.

On emploie aussi, pour terminer et enlever de minces lumières ou pour fouiller dans quelque partie délicate des yeux ou des lèvres, un petit *tortillon* de papier, lequel, avec sa pointe déliée, vaut mieux en cette occasion que l'estompe la meilleure.

N'oublions pas de dire aussi que, bien qu'un dessin reproduise fidèlement les effets d'ombre et de lumière du modèle, il est presque impossible de ne pas se servir du crayon pour donner les quelques coups de force qui doivent compléter l'effet : ainsi, dans l'intérieur des narines, sous les paupières, dans la pupille.

Les ombres portées aussi réclament son secours, car c'est leur vigueur qui complète l'effet d'un dessin en y ajoutant le piquant sans lequel il semblerait fade et incolore.

Lorsque vous dessinerez d'après la bosse, comme lorsque vous dessinerez d'après nature, il faut avoir soin de préparer un fond pour la tête que vous allez reproduire : vigoureux, si elle doit s'enlever en clair; légèrement teinté si elle doit s'enlever en vigueur.

Dans la planche 5, nous avons réuni plusieurs modèles de dessins en bosse. Ces modèles forment trois séries composées de trois têtes dans trois positions différentes.

Dans la première série, les contours et les profils ne sont indiqués que par des traits. La première esquisse est vue de profil, les proportions sont indiquées par des lignes brisées ou des lignes arrondies, la tête est droite et posée sans mouvement.

La seconde tête est inclinée en arrière et vue aussi de profil, et enfin la troisième est vue de trois quarts, un peu inclinée sur la gauche. Les autres séries montrent les mêmes têtes avec les détails plus fortement accentués; déjà le nez, les yeux et les oreilles sont indiqués d'une manière plus exacte. Enfin la troisième série présente les trois têtes ombrées; les cheveux sont terminés, l'expression est donnée aux visages et chaque tête porte le caractère qui convient à sa pose et à son genre.

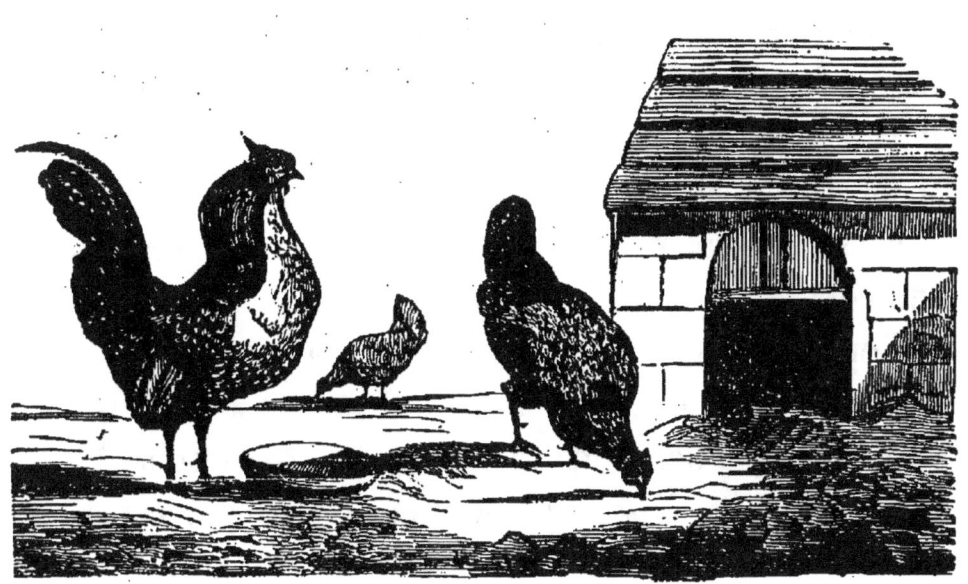

CHAPITRE VIII.

DE L'ÉTUDE DES DRAPERIES.

L'étude des draperies est indispensable. Après l'avoir commencée en copiant les figures drapées de Julien, le moment est venu pour vous de vous y livrer d'après les statues antiques qui en supportent de si merveilleusement belles.

Mais lorsque, familiarisé avec la bosse, vous en serez venu à dessiner d'après nature, vous agirez de même pour les draperies, c'est-à-dire que vous dessinerez et que vous mettrez à l'effet la chose elle-même, au lieu de la copier d'après une copie.

Pour cela, vous disposerez sur un fauteuil, sur un divan, un châle, un manteau, diverses étoffes, et vous en étudierez les plis et l'effet. Ayez soin surtout de bien observer que dans la nature, et par conséquent dans les dessins et peintures qui la représentent, la lumière a peu de largeur sur

les objets brillants, tels que les dorures, les cris-
taux, les marbres, les objets vernis, les satins,
les cheveux, etc.

Il en est tout autrement pour les draps, les
velours, les mousselines, les étoffes laineuses,
ternes, lourdes, épaisses.

Beaucoup de peintres se servent du mannequin
pour poser les draperies dont ils doivent se servir
et qu'ils veulent étudier.

Nous devons insister pour que vous ne vous en
serviez jamais que pour ce seul motif et pour lui
faire supporter certains vêtements, qui, si vous
faisiez un portrait, par exemple, peuvent être
dessinés ou peints à part, afin de ne pas user
inutilement de la patience du modèle.

Quant à vous en servir pour lui demander une
pose quelconque et pour remplacer la nature,
gardez-vous-en bien, car, par ce procédé-là,
vous n'obtiendrez rien que de gauche, de roide,
d'anguleux, de guindé.

CHAPITRE IX.

DU PARTI QUE L'ON PEUT TIRER DU FUSAIN.

Nous ne saurions trop en recommander l'emploi dans les premières études que vous ferez, car c'est par l'habitude de vous en servir que vous en arriverez à acquérir cette manière d'exécution large et grasse, qui est une des premières qualités du peintre, et cette légèreté dans la main, sans laquelle on n'est pas un bon dessinateur. Et puis vous deviendrez peut-être un artiste avec le temps, et alors quel service ne vous rendrait-il pas! Vous viendra-t-il en tête une composition? avec quelques traits de fusain vous la jetez sur le papier, puis, du bout du doigt, vous modelez vos figures, vous établissez votre effet auquel vous mettez la dernière main en débarrassant du crayon, avec une estompe de peau blanche ou de la mie de pain, les parties lumineuses.

Ses qualités viennent en aide aux commençants pour les mettre dans une voie large ; aux peintres qui sont dans le feu de la composition, pour exprimer rapidement ce qu'ils rêvent et pour fixer à la hâte leur effet, car, sous leurs doigts habiles, le fusain ne fera pas seulement un dessin, mais un tableau.

Voici un très-joli genre de dessin, encore peu connu, et qui s'exécute au moyen du fusain.

On emploie pour faire ce dessin du papier verger, comme ayant plus de grain et retenant beaucoup mieux le fusain que tout autre papier.

On commence par esquisser son sujet au moyen du fusain, ensuite, avec un peu de coton roulé dans du fusain pilé, on fait le ciel, c'est-à-dire qu'on barbouille en noir toute la partie du papier destinée à être le ciel.

Lorsque ces deux opérations sont terminées, on complète les détails du dessin ; ainsi, pour faire un arbre, on frotte le fusain sur l'espace laissé blanc en esquissant ; les terrains se font de même, ayant soin de ne pas dépasser les traits de l'esquisse.

Ordinairement, on introduit dans la composition du sujet, soit une rivière, soit un étang ombragé par les arbres dont le feuillage se reflète dans l'eau.

Lorsque les terrains et les arbres sont faits, il faut donner de la vigueur aux troncs des arbres, aux branches, aux clairs des terrains, en les détachant au moyen de la mie de pain. S'il y a de l'eau, pour lui donner de la transparence et que les arbres soient reflétés par elle, avec le fusain on noircit le dessous du terrain, en observant bien les sinuosités du feuillage, puis, au moyen d'un blaireau bien doux, on donne deux ou trois coups sur les ombres qu'on vient de faire dans l'eau, et on voit cette eau prendre de la transparence, comme si c'était de l'eau véritable.

Ensuite, avec de la mie de pain, on termine le ciel en formant des nuages de différentes nuances, en enlevant plus ou moins le noir.

Il faut ensuite fixer ce dessin, car le fusain s'efface facilement, ne contenant aucun mordant qui le fasse adhérer au papier. A cet effet, on emploie un mélange de trois parties de vernis et une d'essence de thérébentine, qu'on étend avec un blaireau sur le verso du dessin.

Cette composition pénétrant au travers du papier, par les pores, saisit chaque molécule de

fusain et la fixe sur le papier. On laisse sécher cette préparation, et le dessin peut être conservé longtemps intact.

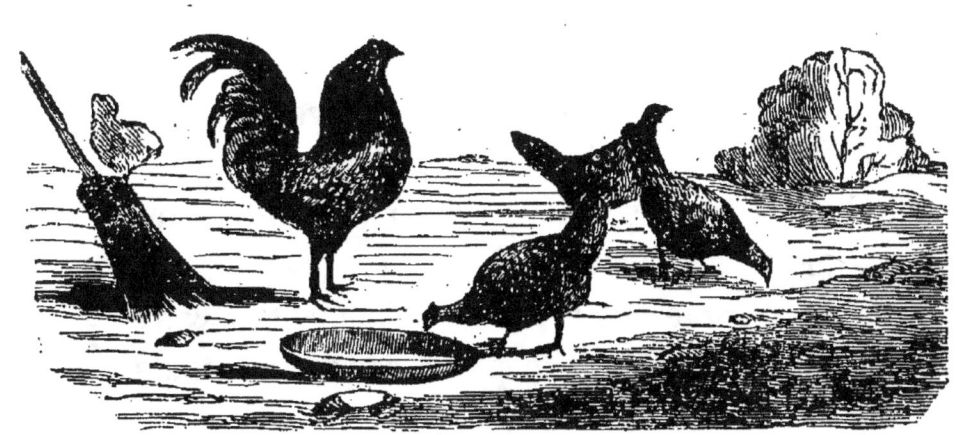

CHAPITRE X.

DU DESSIN D'APRÈS LA NATURE, AU PAPIER TEINTÉ ET REHAUSSÉ AU BLANC.

Les mêmes procédés étant employés pour le dessin à l'estompe d'après nature et pour le dessin d'après la bosse, nous n'avons rien à ajouter à ce que nous venons de dire à ce sujet.

Nous indiquerons seulement de quelle façon, autre que l'estompe, peut se faire une étude d'après nature, soit de grandeur naturelle, soit réduite.

Il s'agit ici d'une tête dessinée au crayon noir, sur papier légèrement teinté et rehaussé au blanc.

Pour user de ce procédé, il vous faut choisir un papier d'un ton gris, un peu chaud, mais fin et léger, ou de couleur café au lait, dont la teinte équivale en vigueur à celle des chairs et en représente la demi-teinte lumineuse.

Sur ce papier, vous dessinez votre ensemble,

vous l'épurez et vous le mettez à l'effet au moyen des crayons de divers numéros nécessaires pour ce travail; puis sur le front, les pommettes, le nez, les lèvres, le menton, sur toutes les parties saillantes, vous appelez une lumière plus ou moins brillante, plus ou moins étendue ou resserrée, selon que la nature vous l'indique, en vous servant d'un crayon blanc, finement et légèrement manié.

Quelques personnes, avec l'aide d'un *pastel* sanguin, ajoutent encore au piquant des études de ce genre, en plaçant çà et là, dans l'oreille, sous les narines, dans le point lacrymal et sous les lèvres, une touche spirituelle, qui vient les animer et les égayer à la fois.

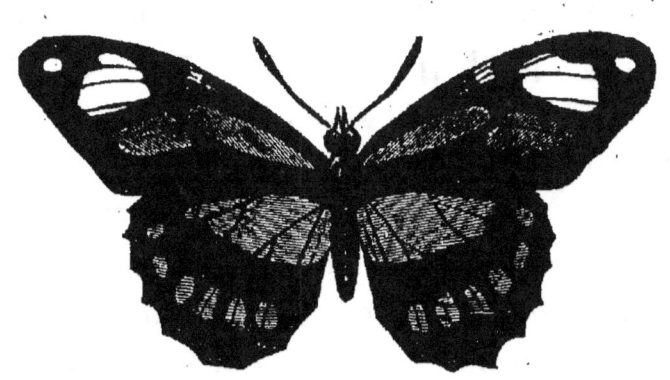

CHAPITRE XI.

CONSEILS GÉNÉRAUX.

L'élève qui voudra se borner au dessin d'une figure, ou qui ne cherchera que la distraction et l'emploi de ses heures de loisir dans une étude au bout de laquelle beaucoup ont trouvé la fortune et la gloire, celui-là pourra se borner à prendre une idée de l'anatomie humaine dans l'excellent ouvrage de M. Pauquet, lequel met cette science à la portée de tous. Mais pour celui qui veut arriver à se créer une position, à se faire un nom dans les arts, il n'en saurait être ainsi ; et l'étude du modèle posé dans l'atelier du maître, celle du squelette et celle de l'écorché, doivent marcher de front, puisque c'est à l'aide d'une comparaison continuelle entre la nature vivante ou morte, dépouillée de sa peau et revêtue seulement de ses muscles, ou réduite à l'état de squelette, c'est de cette comparaison, disons-nous, que sortira pour

lui la connaissance approfondie et consciencieuse
dont il ne saurait se passer.

Nous venons de dire que les études sur la
nature vivante, l'écorché, le squelette, doivent
marcher simultanément, un mot d'explication est
nécessaire à ce sujet.

Selon nous, tant que l'élève n'est que copiste
ou étudiant et ne s'occupe que de la forme appa-
rente des objets, il ne doit connaître de l'anatomie
que ce qui est apparent, car cette connaissance,
si elle était prématurée, lui serait plus nuisible
que profitable ; mais une fois arrivé à reproduire
avec intelligence, avec exactitude la forme humaine placée devant ses regards, l'heure est venue
pour lui de s'occuper d'études anatomiques.

Mais pour que ces études produisent les heu-
reux résultats qu'on peut en attendre, elles ne
doivent pas se faire isolément sur la nature morte,
et l'on doit les rapporter sans cesse à la nature
vivante ; pour cela, si l'on veut, par exemple,
dessiner la tête de mort, on devra mettre auprès
d'elle une tête en plâtre moulée sur l'antique, de
manière à ce que toutes deux étant placées dans
une position semblable et sous une même lumière,
vous puissiez distinguer les différences existantes
entre elles.

Ainsi l'on peut distinguer d'un seul coup d'œil les parties osseuses et proéminentes, qui, comme le front, les pommettes, le nez, le menton, conservent leur forme, des autres parties qui sont recouvertes de chairs. Pour étudier les articulations et les extrémités du corps, on devra se procurer ces parties toutes préparées. Puis, après qu'on leur aura donné une position, il faudra en faire prendre une pareille au modèle vivant, et les copier simultanément, de manière à se rendre un compte exact de l'un et de l'autre.

Voilà quelles sont les études à faire, soit qu'on veuille devenir chirurgien ou peintre, car, pour tous deux l'ostéologie doit être placée en première ligne.

La partie du corps humain la plus difficile à connaître, c'est la colonne vertébrale, dont les mouvements multiples se combinent avec presque tous ceux que le corps peut effectuer.

Pour cette étude, on fera poser un modèle debout et de profil, par rapport à l'élève. Ainsi posé, et les bras croisés sur la poitrine, le contour formé par son cou, ses épaules, son dos et ses reins apparaîtront sous la forme d'une ligne serpentine, qui changera d'aspect suivant les mouvements en arrière, en avant, à droite ou à gauche, qu'on lui fera exécuter. Ces inflexions ne sauraient être trop étudiées dans leur irrégularité déterminée par la plus légère torsion des hanches, car c'est de cette étude que dépend le plus ou moins de vérité des différentes poses que vous donnerez plus tard aux personnages qui recevront l'*existence* de votre pinceau.

Nous nous résumerons en disant : Étudiez la charpente humaine et ses diverses proportions sur le squelette ; assurez-vous en étudiant l'écorché et en le comparant à la nature vivante de tout ce qui est relatif au jeu des muscles et de la tension qu'ils doivent et peuvent subir sous l'influence des passions les plus violentes ; et enfin, avec la nature, apprenez la beauté, l'énergie, la pureté des formes, le charme de la physionomie et la puissance de la couleur.

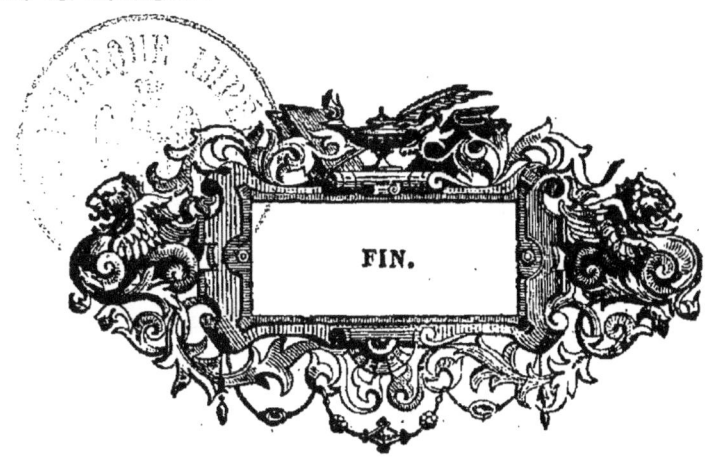

FIN.

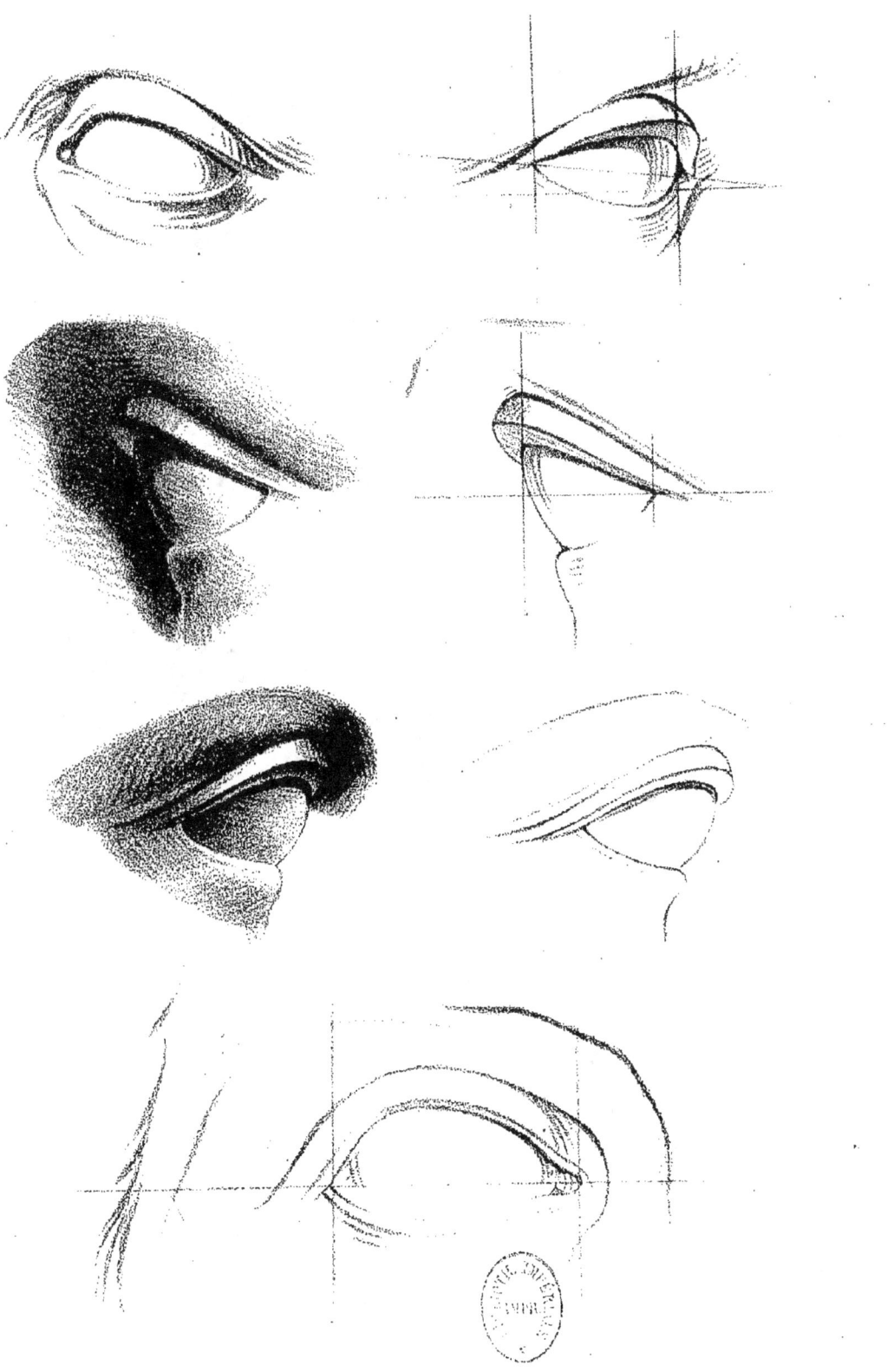

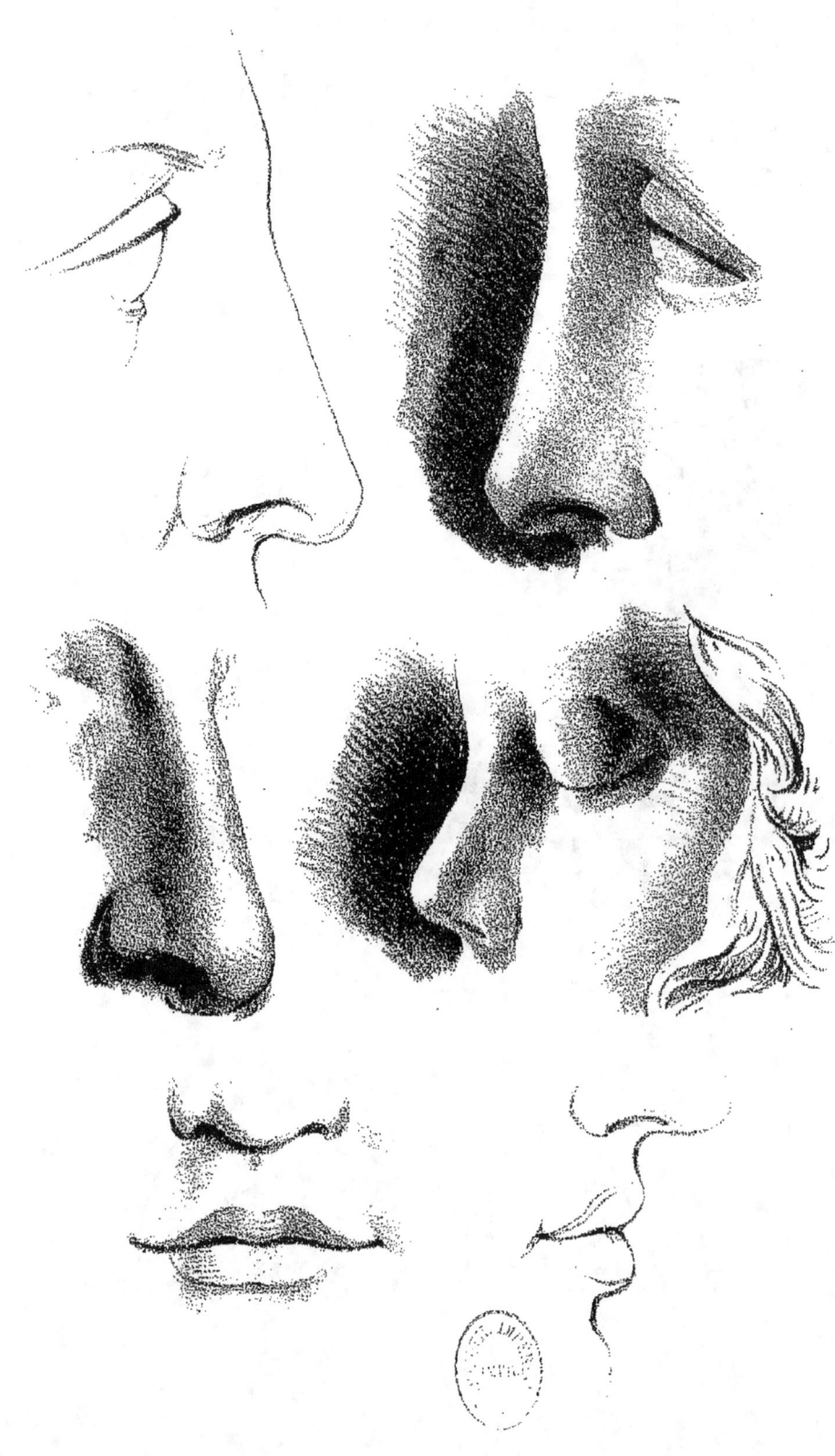

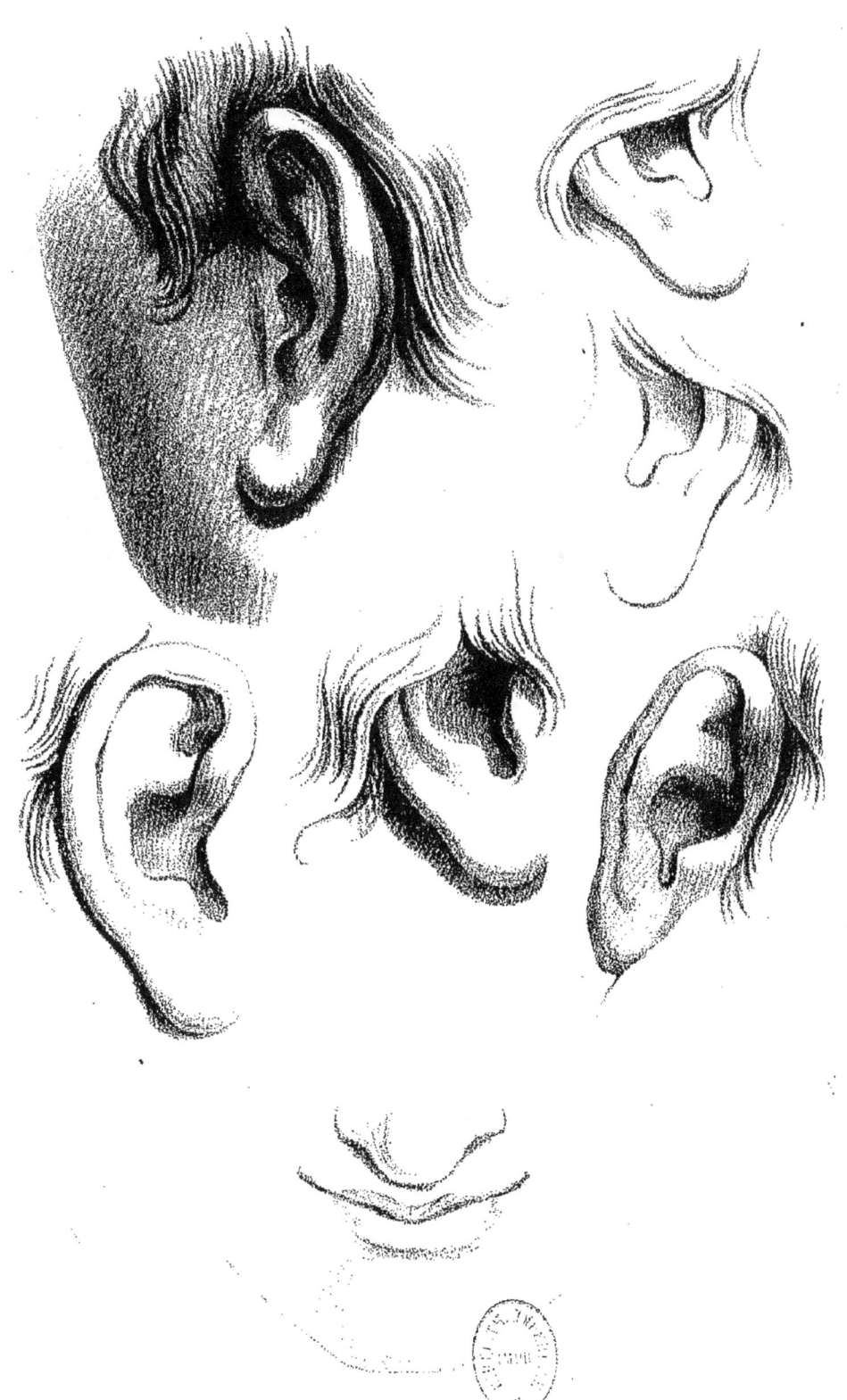

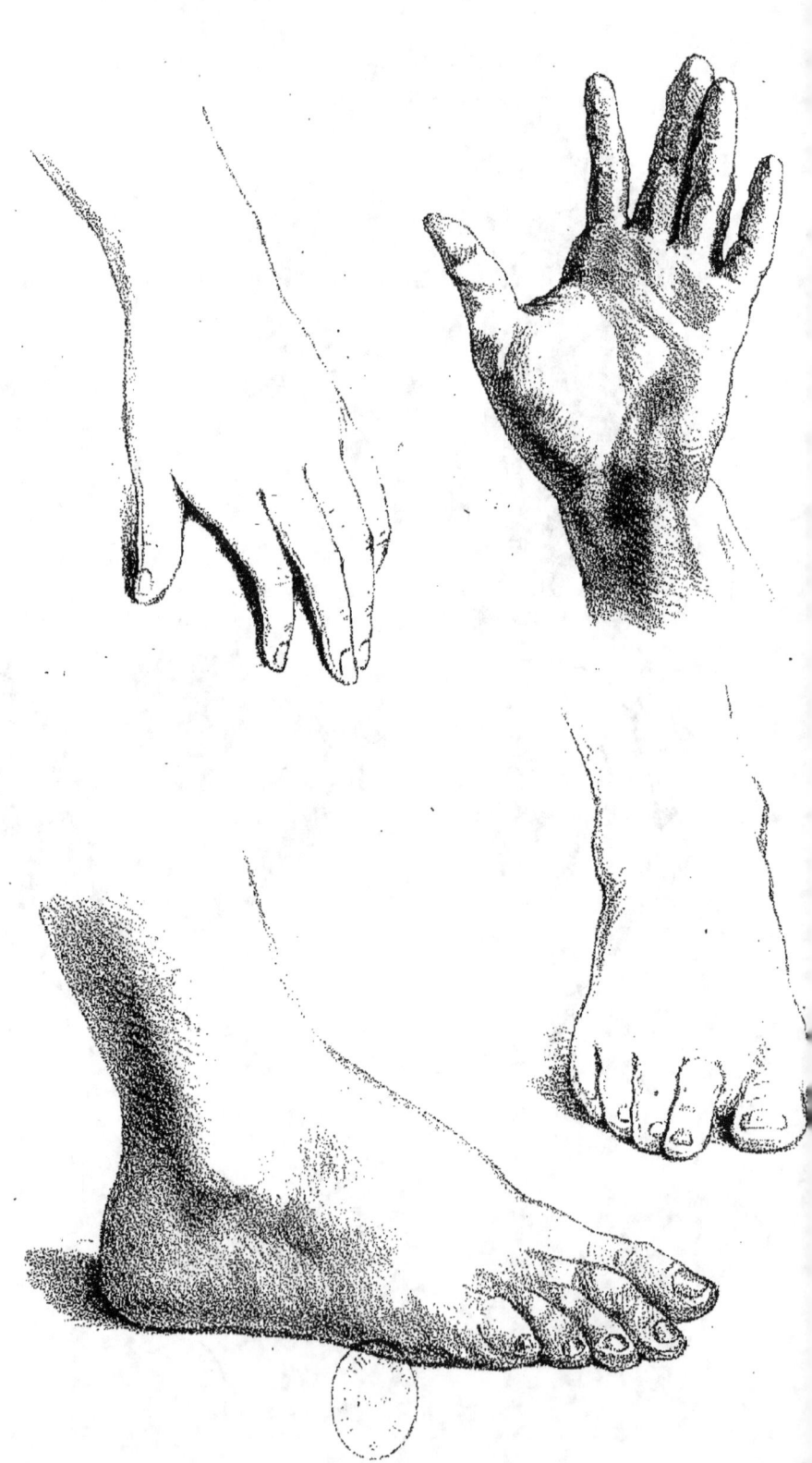

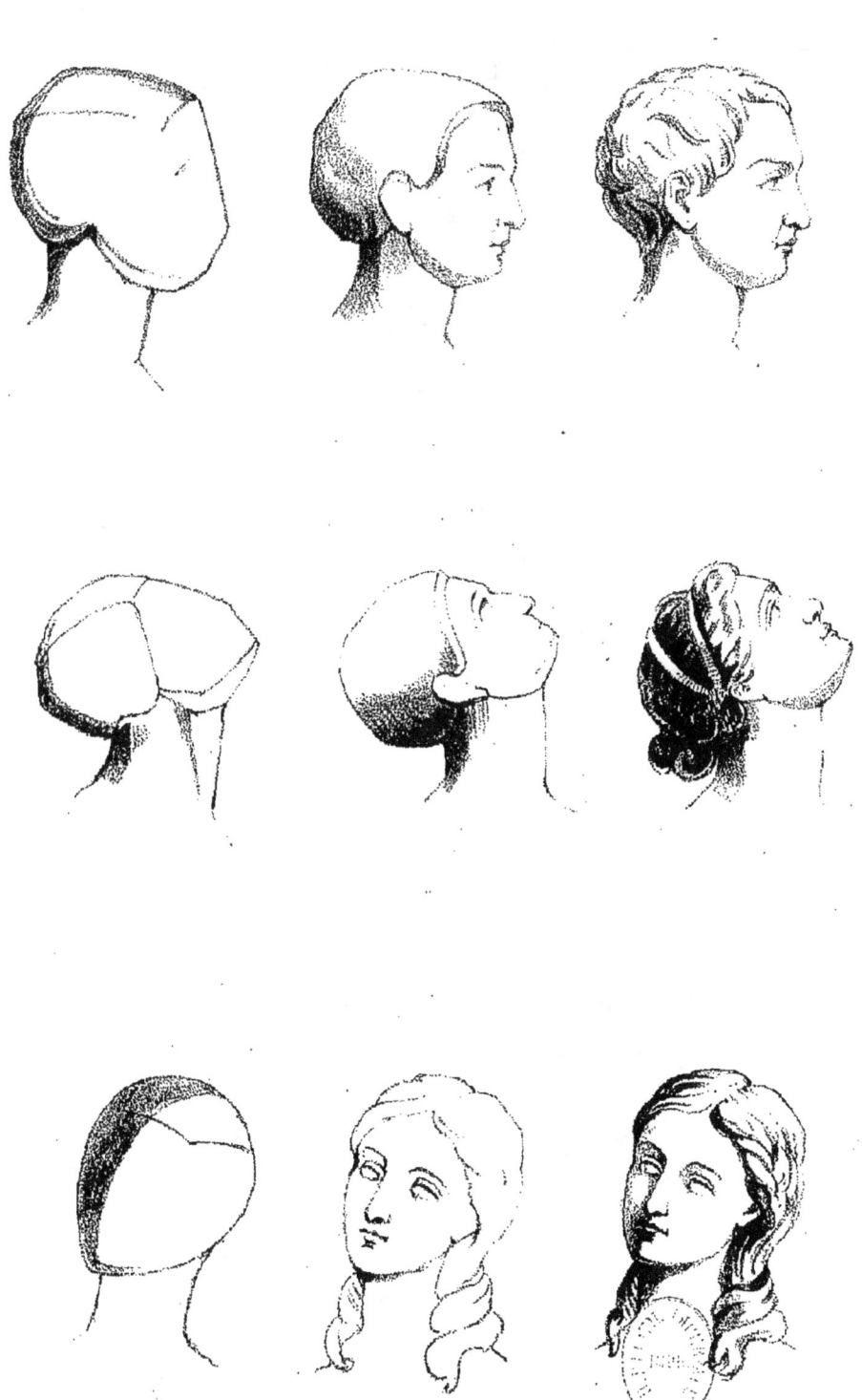

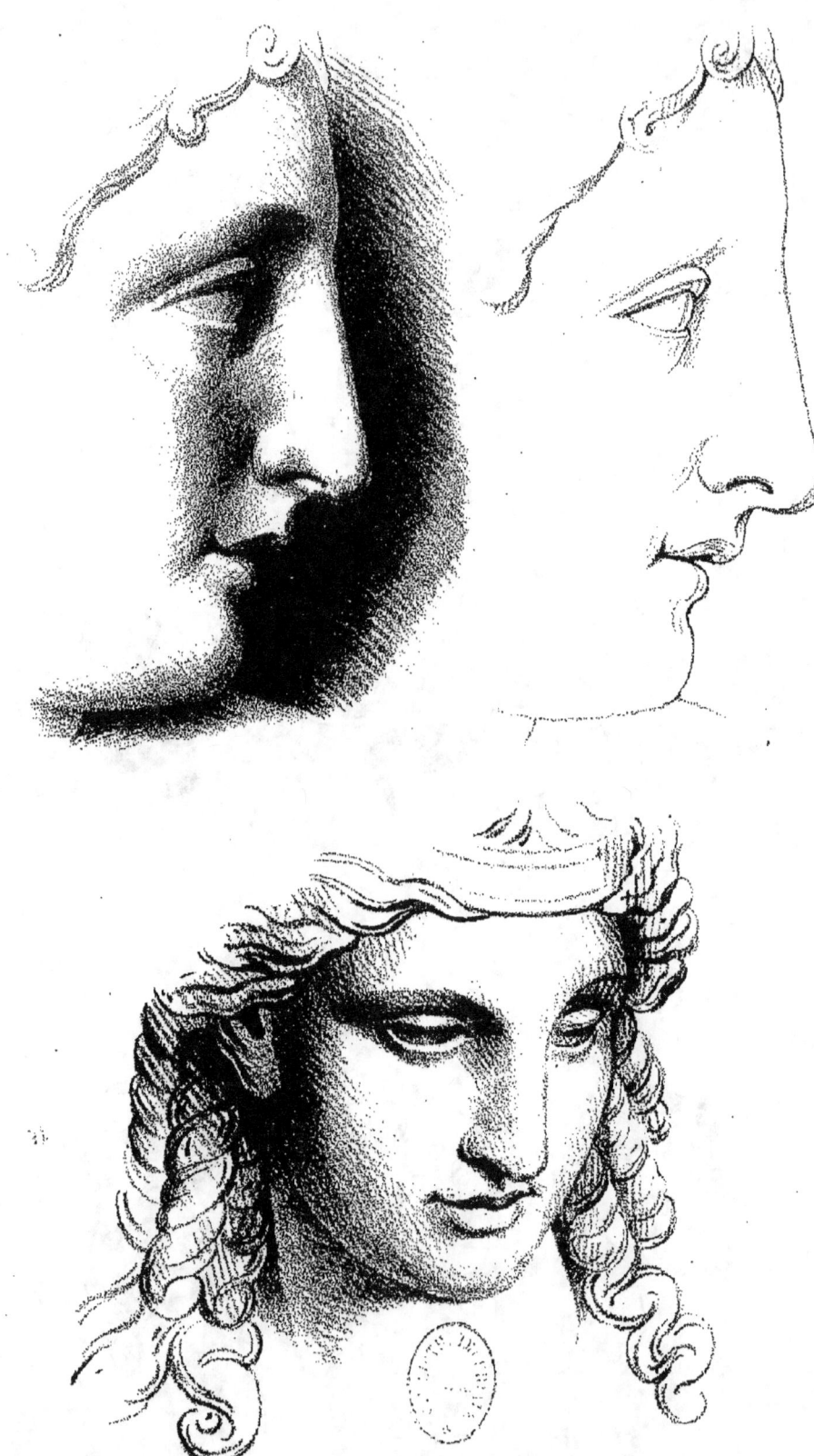

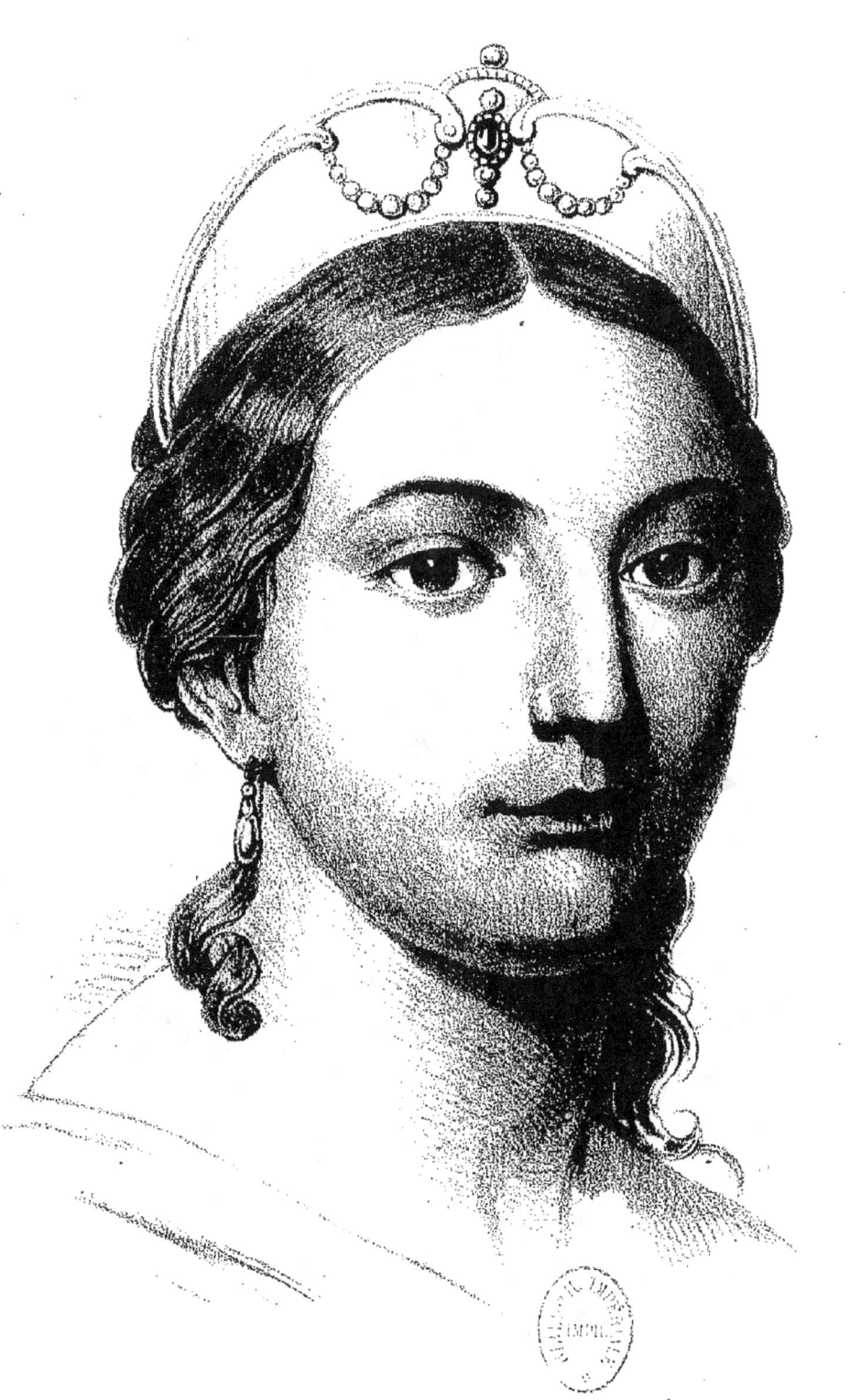

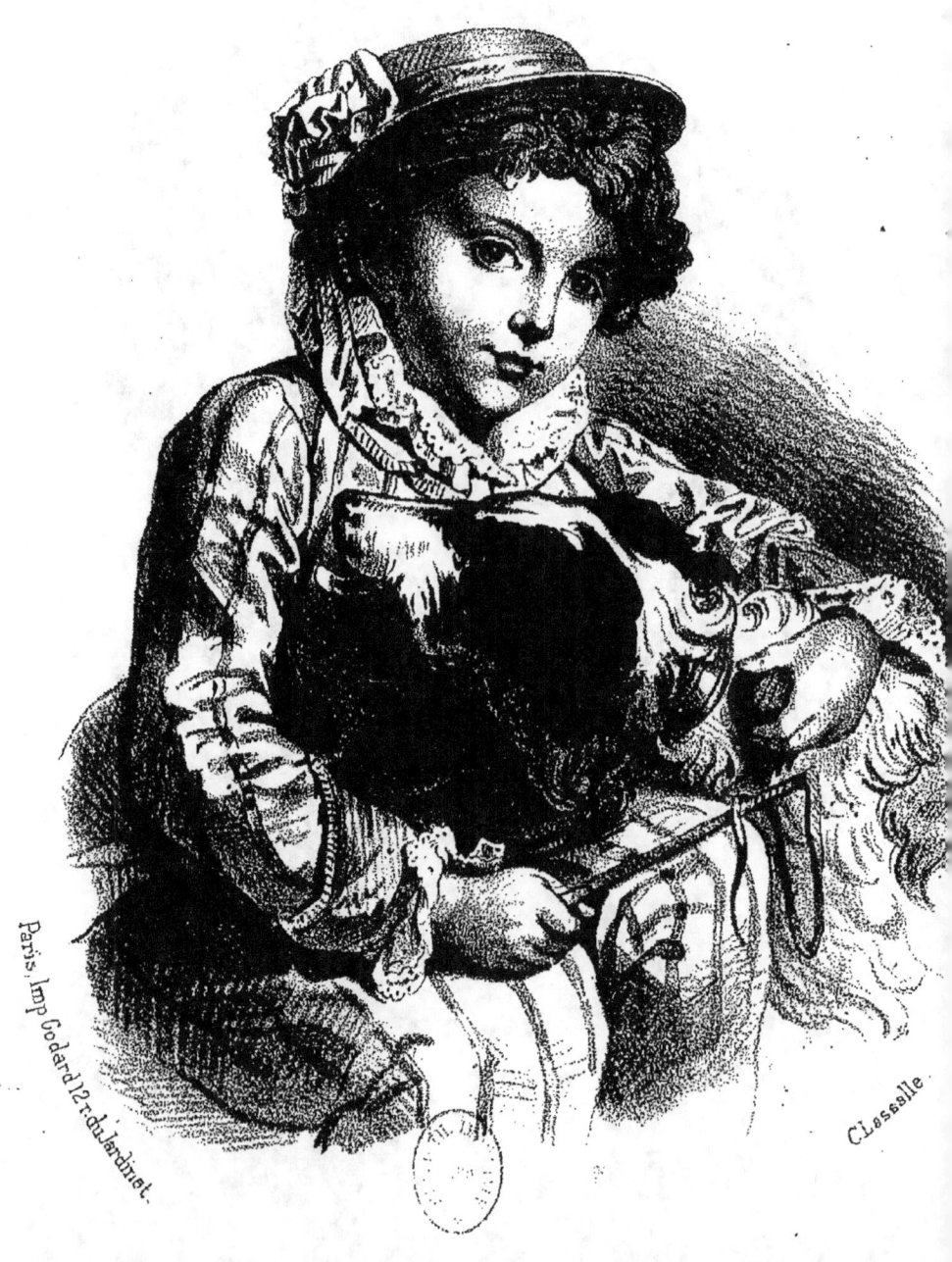

Paris, Imp Godard 12 r. du Jardinet.

C. Lasalle

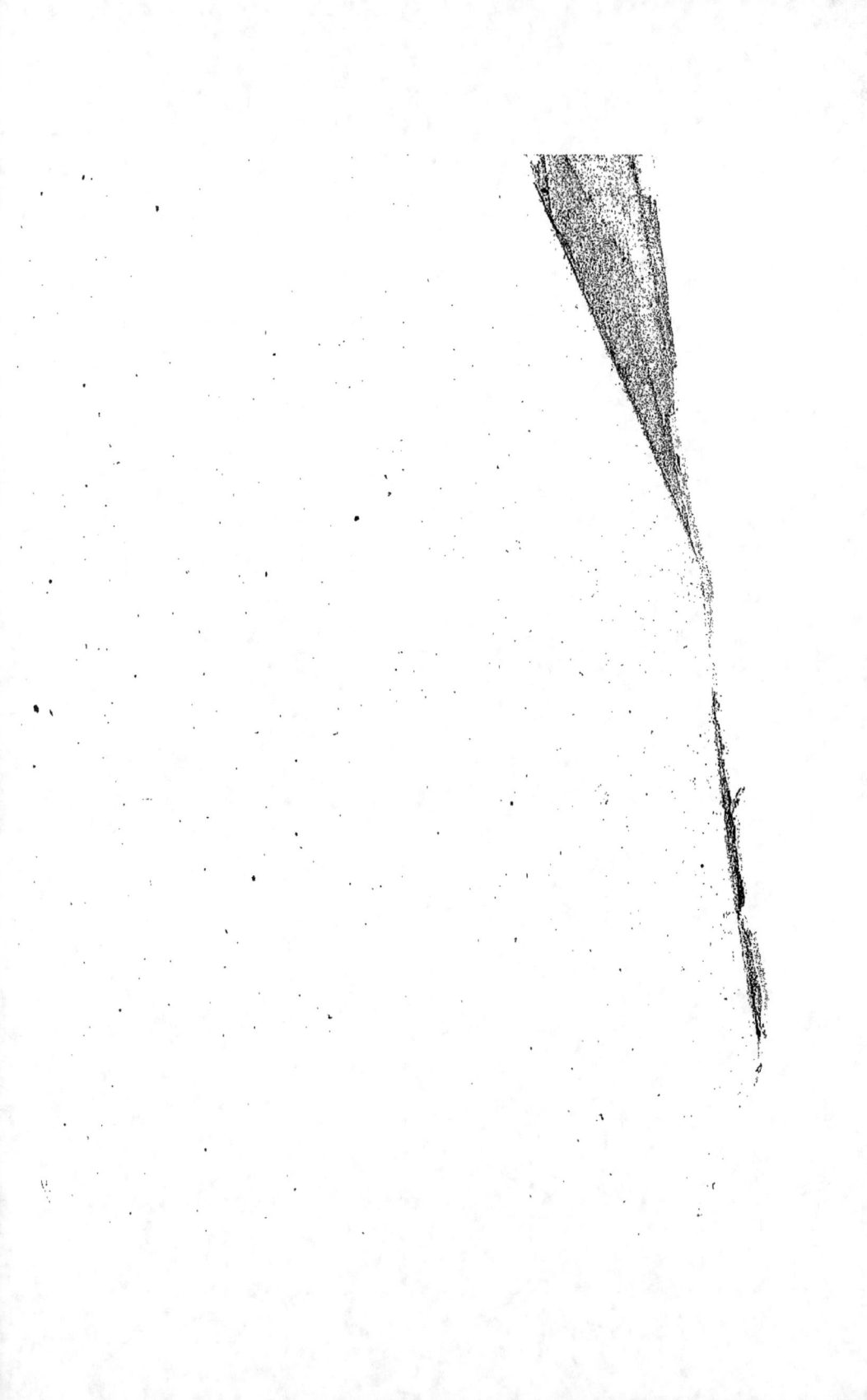

BIBLIOTHÈQUE ARTISTIQUE

(Ajouter 10 c. par fr. pour recevoir franco).

Dictionnaire universel des Beaux-Arts, Architecture, Sculpture, Peinture, Dessin, Gravure, Poésie, Musique, etc., suivi d'un DICTIONNAIRE D'ICONOLOGIE, 1 vol. grand in-18. . . . . 1 f. 50 c.

> La science des Beaux-Arts est un complément naturel de toute bonne éducation, et là où ce sens manque, il y a lacune dans le développement intellectuel ; on ne peut donc être considéré comme instruit sans la connaissance des Beaux-Arts. Notre Dictionnaire convient donc à tout le monde.

Cours de Perspective, ou l'Orthographe des formes. 1 vol. in-8°, orné de planches. . . . . 1 f.

L'Art de préparer les Plantes marines et d'eau douce, pour les conserver dans les collections d'histoire naturelle, et en former des Albums pour leur étude, etc. 1 vol. in-12. . . . . 1 f.

Manuel général du Modelage en bas-relief et en ronde-bosse de la Sculpture et du Moulage, ouvrage orné de planches, augmenté d'un grand nombre de procédés nouveaux, utiles et agréables aux amateurs, par F. Goupil, professeur de dessin et élève d'Horace Vernet. . . . 1 f. 50. c.

Géométrie et Dessin linéaire familier, suivi du DESSIN D'APRÈS NATURE, SANS MAÎTRE, orné de 250 figures, par Goupil. 1 vol. in-8°. . . 2 f.

A B C du Dessin et de la Perspective, orné de 8 planches d'étude graduées. . . . . 1 f.

L'Aquarelle et le Lavis, par Goupil. 1 vol. in-8°, avec planches. 1 f.

Le Pastel simplifié et perfectionné, par Goupil. 1 vol in-8° avec pl. 1 f.

La Peinture à l'huile, suivi d'un TRAITÉ DE LA RESTAURATION DES TABLEAUX, par Goupil. 1 vol. in-8°. . . . . 1 f.

Peinture sur Porcelaine, verre, émail, stores, écrans, marbre, suivi du TRAITÉ DE VITRAUX - MANOTYPIE, ou l'Art de faire soi-même les vitraux factices, etc., par Lefebvre. 1 vol. in-8°. . . . . . . 1 f.

La Miniature. 1 vol. in-8°, avec planche d'étude. . . . 1 f.

La Photographie pour tous apprise sans maître. 1 vol. in-8°. . . 1 f.

Guide du Peintre-Coloriste, comprenant le coloris des gravures, lithographies, vues sur verres, pour stéréoscopes ; du Daguerréotype et la retouche de la Photographie à l'aquarelle et à l'huile, par C. Lefebvre. 1 vol. in-8°. . . . . 1 f.

Annuaire de la Photographie, résumé des procédés les meilleurs pour la plaque métallique, le papier sec et humide, la glace albuminée ou collodionée, la gravure héliographique, la lithographie, le cliché typographique, le stéréoscope, l'élioplastie, l'amplification des images, la damasquinure, la photographie sur tissus, collodion sur toile cirée, avec l'indication des instruments nouveaux, par J.-B. Delestre. 1 vol. in-8°. . 4 f.

Photographie-Ivoire, ou l'Art de faire des miniatures sans savoir ni peindre ni dessiner, par Pinot. 1 vol. in-8°. . . . . 6 f.

Recueil d'Anatomie portatif à l'usage des artistes, par H. Pauquet. 1 v. 5 f.

Manuel artistique et industriel, contenant les Traités de Dessin industriel, de Morphographie, des Ombres, Hachures et Estompes, etc., avec 22 planches d'étude. . . . . 1 f.

Cours de Perspective. 1 vol. in-4°, orné de planches. . . . 3 f.

Flore médicinale : Doses, préparations, etc., 48 planches coloriées. 1 vol. in-18. . . . . 1 f.

Meulan, imprimerie de A. Masson.

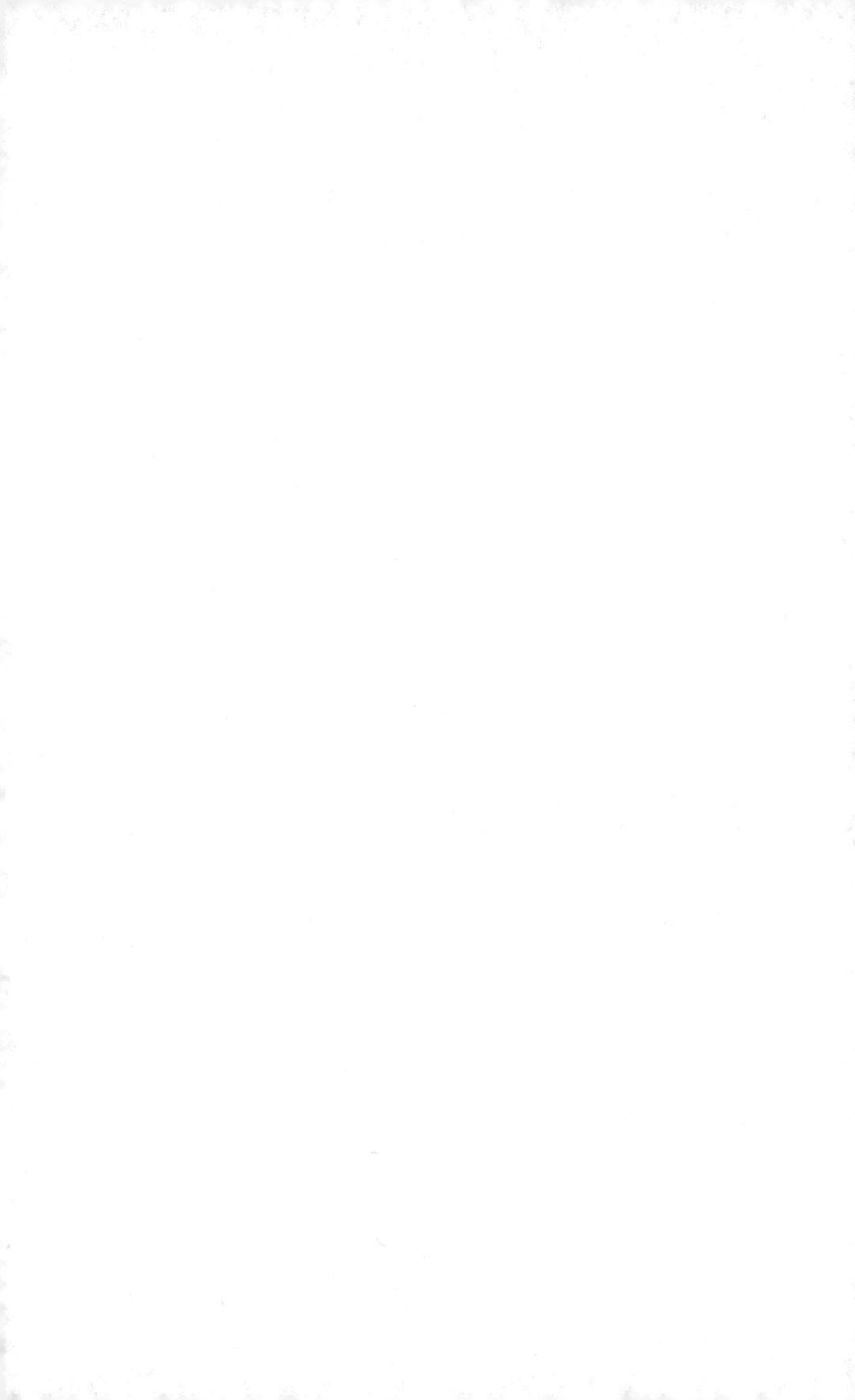

www.ingramcontent.com/pod-product-compliance
Lightning Source LLC
Chambersburg PA
CBHW071424220526
45469CB00004B/1420